AF362390

MÉTHODE
D'ARTICULATION

ET DE

LECTURE SUR LES LÈVRES

A L'USAGE

DES INSTITUTIONS DE SOURDS-MUETS

PAR F. M. B.

DE LA CONGRÉGATION DES FRÈRES DE SAINT-GABRIEL.

Livre de l'Élève

II. CLÉ DE LA LECTURE

PROCURE GÉNÉRALE
DES FRÈRES DE SAINT-GABRIEL
A Saint-Laurent-sur-Sèvre (Vendée).

1884

PROPRIÉTÉ

Toute contrefaçon sera poursuivie conformément aux lois.

PRÉFACE

Ce modeste manuel, dans notre pensée, sera le premier livre du jeune Sourd-Muet, après les arides, mais indispensables exercices de démutisation. Lorsque les organes seront assez assouplis pour produire isolément d'abord, puis pour lier entre eux tous les sons de notre langue, il ne restera plus qu'à former l'enfant à la lecture courante des mots et des phrases.

C'est le but de cet ouvrage.

Nous l'avons appelé « **Clé de la Lecture** » ; peut-être deviendra-t-il par surcroît « **Clé de l'Orthographe** » en habituant l'élève à se rendre compte des diverses nuances orthographiques traduites par le même son.

Pour initier le jeune Sourd-Muet aux diverses formes de lettres, nous donnons, en caractères imprimés et manuscrits, le double alphabet minuscule et majuscule.

Le rang alphabétique des lettres, si utile pour feuilleter le dictionnaire, devra être modifié (nul n'en sera surpris) dans le cours de cet ouvrage, où nous suivrons l'ordre adopté pour l'enseignement des éléments.

Les deux premières leçons, résumé de tous les exercices d'articulation, permettront au Professeur de revenir fréquemment sur les premiers principes de la parole, et de corriger ainsi les inexactitudes et négligences qui rendraient la prononciation défectueuse.

La série des autres leçons n'a point été disposée au hasard : nous avons dû tenir compte de la nécessité, soit de graduer les difficultés, soit de trouver des exemples en rapport avec les règles qu'il s'agissait d'exposer.

Ne perdant pas de vue que ce petit livre est destiné à des enfants auxquels on ne saurait demander, dès le début, de grands efforts de mémoire et d'intelligence, nous nous sommes efforcé d'être simple tout en restant essentiellement méthodique.

Nous n'avons formulé que les règles les plus élémentaires de la prononciation ; toutes cependant ont leur application dans la succession des exercices ; nous laissons au Professeur le soin de les préciser davantage s'il le juge à propos.

Si, dans les exemples choisis, nous anticipons forcément sur des règles qui n'auraient point encore été expliquées, les mots imprimés en caractères elzéviriens attireront l'attention du Maître, qui pourra les passer dans une première lecture.

Dans un très court appendice nous donnons les principales règles pour la lecture de la langue latine : c'est une petite satisfaction que nous n'osons refuser à ceux de nos chers enfants qui plus tard auraient le désir de suivre dans leurs livres d'offices quelques prières de l'Église, ou qui aspireraient à l'honneur de servir la sainte Messe.

Et maintenant, cher petit livre, va auprès de nos intéressants Sourds-Muets, mettre sur leur lèvres cette parole qu'une cruelle infirmité leur avait refusée, et demande un souvenir pour les Maîtres qui se dévouent à la tâche si ardue de leur instruction.

MÉTHODE D'ARTICULATION

DEUXIÈME PARTIE

CLÉ DE LA LECTURE

ALPHABET MINUSCULE

a,   b,   c,   d,   e,   f,   g,   h,   i,   j,

k,   l,   m,   n,   o,   p,   q,   r,   s,   t,

u,   v,   w,   x,   y,   z.

ALPHABET MAJUSCULE

A,   B,   C,   D,   E,   F,   G,

H,   I,   J,   K,   L,   M,   N,

O,   P,   Q,   R,   S,   T,   U,

V,   W,   X,   Y,   Z.

VOYELLES

a, e, i, o, u, y.

CONSONNES

b, c, d, f, g, h, j, k, l, m, n, p, q, r, s, t, v, w, x, z.

1re LEÇON

Récapitulation générale des éléments buccaux.

A	O	È	E	É	I	EU	O	OU	U	A
a	o	è	e	é	i	eû	ô	oû	u	â

P pa, po, pè, pe, pé, pi, peû, po, pou,
ap, op, ep[1], eup[2], ép, ip, eûp, ôp, oup,
pu, pâ.
up, âp.

M ma, mo, mè, me, mé, mi, meû, mô, mou,
am[3], om, em, eum, ém, im, eûm, ôm, oum,
mu, mâ.
um, âm.

---

[1] C'est à dessein que nous ne mettons pas d'accent grave sur e : placé devant un élément consonne et formant avec lui une syllabe inverse, e se prononce habituellement è.

[2] Règle générale : Dans une syllabe finale, eu se prononce e toutes les fois qu'il est suivi d'un élément consonne qui se fait sentir; dans tous les autres cas, on dit : eû.

[3] Le changement de caractère indique qu'on doit prononcer a-m, o-m, etc. et non an, on.

F fa, fo, fè, fe, fé, fi, feû, fô, fou, fu, fâ.
  af, of, ef, euf, éf, if, eûf, ôf, ouf, uf, âf.

Ph¹ pha, pho, phè, phe, phé, phi, pheû, phô,
   aph, oph, eph, euph, éph, iph, eûph, ôph,
   phou, phu, phâ.
   ouph, uph, âph.

V va, vo, vè, ve, vé, vi, veû, vô, vou,
  av, ov, ev, euv, év, iv, eûv, ôv, ouv,
  vu, vâ.
  uv, âv.

B ba, bo, bè, be, bé, bi, beû, bô, bou,
  ab, ob, eb, eub, éb, ib, eûb, ôb, oub,
  bu, bâ.
  ub, âb.

———————

T ta, to, tè, te, té, ti, teû, tô, tou, tu, tâ.
  at, ot, et, eut, ét, it, eût, ôt, out, ut, ât.

D da, do, dè, de, dé, di, deû, dô, dou,
  ad, od, ed, eud, éd, id, eûd, ôd, oud,
  du, dâ.
  ud, âd.

K ka, ko, kè, ke, ké, ki, keû, kô, kou,
  ak, ok, ek, euk, ék, ik, eûk, ôk, ouk,
  ku, kâ.
  uk, âk.

¹ Les quelques équivalences placées dans les deux récapitulations générales ont pour but de préparer le Sourd-Muet à l'étude plus spéciale qu'il devra en faire dans les leçons suivantes.

C ca, co, «   «   «   «   «   cô, cou, cu, câ.
ac, oc, ec, euc, éc, ic, eûc, ôc, ouc, uc, âc.

Q aq, oq, eq, euq, éq, iq, eûq, ôq, ouq, uq, âq.

Qu qua, quo, què, que, qué, qui, queû, quô,
quou, quu, quâ.

G ga, go, guè, gue, gué, gui, gueû, gô, gou,
ag, og, eg, eug, ég, ig, eûg, ôg, oug,
gu, gâ.
ug, âg.

Ç ça, ço, cè, ce, cé, ci, ceû, çô, çou, çu, çâ.

S sa, so, sè, se, sé, si, seû, sô, sou, su, sâ.
as, os, es, eus, és, is, eûs, ôs, ous, us, âs.

Z za, zo, zè, ze, zé, zi, zeû, zô, zou, zu, zâ.
az, oz, ez, euz, éz, iz, eûz, ôz, ouz, uz, âz.

Ch cha, cho, chè, che, ché, chi, cheû, chô,
ach, och, ech, euch, éch, ich, eûch, ôch,
chou, chu, châ.
ouch, uch, âch.

J ja, jo, jè, je, jé, ji, jeû, jô, jou, ju, jâ.
aj, oj, ej, euj, éj, ij, eûj, ôj, ouj, uj, âj.

L la, lo, lè, le, lé, li, leû, lô, lou, lu, lâ.
al, ol, el, eul, él, il, eûl, ôl, oul, ul, âl.

R ra, ro, rè, re, ré, ri, reû, rô, rou, ru, râ.
ar, or, er, eur, ér, ir, eûr, ôr, our, ur, âr.

N na, no, nè, ne, né, ni, neû, nô, nou, nu, nâ,
an, on, en, eun, én, in, eûn, ôn, oun, un, ân.

Gn gna, gno, gnè, gne, gné, gni, gneû, gnô,
agn, ogn, egn, eugn, égn, ign, eûgn, ôgn,
gnou, gnu, gnâ.
ougn, ugn, âgn.

X xa, xo, xè, xe, xé, xi, xeû, xô, xou, xu, xâ.
ax, ox, ex, eux, éx, ix, eûx, ôx, oux, ux, âx.

Ill illa, illo, illè, ille, illé, illi, illeû, illô,
aill, oill, eill, euill, éill, ill, eûill, ôil,
illou, illu, illâ.
ouill, uill, âill.

APPLICATION

I

Ma, ta, sa, la, le, me, de, se, je, ne, te,
que, ni, qui, jeu, feu.

II

Cap, coq, lac, bec, tic, soc, duc, sud, tuf,
sac, val, bel, mil, vol, nul, cor, vif, chef,
suc, dur, pur, lis, pic, mur, sec, mer, sel,
ver, col, bouc, mal, par, fil, cour, tour, four,
veuf, seul, arc, porc, Nil, Job, Sem, Gad.

III

Ami, papa, fané, défi, écu, demi, curé,
épi, muré, joli, jeté, déjà, café, dîné, subi,

tenu, poli, pari, déchu, joujou, zéro, repu,
salé, venu, képi, semé, péché, miné, gagné,
chéri, pareille, caduc, échec, cheval, canal,
licol, bazar, major, silex, cheveu, jeudi,
neveu, azur, futur, captif, subtil, nectar,
calcul, actif, zigzag, Alix, Omer, Félix,
Jonas, Jacob.

2ᵉ LEÇON.

Récapitulation générale des éléments bucco-nasaux.

---

a, an, o, on, è, in, e, un.

P	pa,	pan,	po,	pon,	pè,	pin,	pe,	pun.
		amp[1],		omp,		imp,		ump.
M	ma,	man,	mo,	mon,	mè,	min,	me,	mun.
		anm,		onm,		inm,		unm.
F	fa,	fan,	pho,	fon,	phè,	fin,	phe,	fun.
		anf,		onf,		inf,		unf.
V	va,	van,	vo,	von,	vè,	vin,	ve,	vun.
		anv,		onv,		inv,		unv.
B	ba,	ban,	bo,	bon,	bè,	bin,	be,	bun.
		amb,		omb,		imb,		umb.

[1] C'est par raison d'orthographe que nous mettons ici **m** au lieu de **n** devant **p** et **b**.

T	ta,	tan,	to,	ton,	tè,	tin,	te,	tun.
		ant,		ont,		int,		unt.
D	da,	dan,	do,	don,	dè,	din,	de,	dun.
		and,		ond,		ind,		und.

K	ka,	kan,	co,	con,	què,	quin,	que,	quun.
		anc,		onc,		inc,		unc.
G	ga,	gan,	go,	gon,	guè,	guin,	gue,	gun.
		ang,		ong,		ing,		ung.
Ç	ça,	çan,	so,	son,	sè,	sin,	se,	sun.
		ans,		ons,		ins,		uns.
Z	za,	zan,	zo,	zon,	zè,	zin,	ze,	zun.
		anz,		onz,		inz,		unz.
Ch	cha,	chan,	cho,	chon,	chè,	chin,	che,	chun.
		anch,		onch,		inch,		unch.
J	ja,	jan,	jo,	jon,	jè,	jin,	je,	jun.
		anj,		onj,		inj,		unj.

L	la,	lan,	lo,	lon,	lè,	lin,	le,	lun.
		anl,		onl,		inl,		unl.
R	ra,	ran,	ro,	ron,	rè,	rin,	re,	run.
		anr,		onr,		inr,		unr.
N	na,	nan,	no,	non,	nè,	nin,	ne,	nun.
		ann,		onn,		inn,		unn.

Gn   gna, gnan, gno, gnon, gnè, gnin, gne, gnun.
      angn,   ongn,   ingn,   ungn.

X   xa, xan, xo, xon, xè, xin, xe, xun.
      anx,   onx,   inx,   unx.

Ill   illa, illan, illo, illon, illè, illin, ille, illun.
      anill,   onill,   inill,   unill.

APPLICATION

Pa|tin, ru|ban, bâ|ton, ma|tin, ga|lon, la|pin, ma|man, ga|zon, ta|lon, a|lun, cha|cun, li|mon, van|té, ton|du, ca|non, bou|din, mi|gnon, dan|sé, chi|gnon, mou|ton, lun|di, cou|pon, pan|tin, din|don, pin|son, man|chon.

Le son. Du vin. Du lin. Un sa|pin. Le ma|çon. La le|çon. Le re|quin. Le co|chon. Le sa|lon. Le mou|lin. Le bâ|ton. Le bou|ton. Le fou|lon. Le che|min. Le dé|mon. Un va|gon. Le char|don. Du bon|bon. Un jam|bon. Le pou|mon. Un vol|can. Le jar|din. Un pan|ta|lon. Un ca|le|çon. Le mou-che|ron. Un gué|ri|don. L'a|ban|don. Du bou|illon. Un pa|pillon. Un pa|villon. Un sillon. Un co-tillon. Le ca|rillon.

3ᵉ LEÇON.

Différents cas où l'élément e ne doit pas se faire sentir dans la lecture.

PRÉPARATION

En articulant les consonnes ci-dessous, de même que la syllabe finale des mots du paragraphe I, les organes doivent prendre la position de e, mais sans donner d'autre voix que celle qui résulte de l'émission du courant aérien propre à chacune d'elles. Le son e, ne se faisant pas entendre, est alors dit : *muet*.

Dans les exemples des paragraphes II et III, au contraire, toute prise de position de cet élément dénaturerait la parole : e est alors absolument nul au point de vue phonique.

Pe, **me**, **fe**, **ve**, **be**, **te**, **de**, **ke**, **gue**, **se**, **ze**, **che**, **je**, **le**, **re**, **ne**, **gne**, **ille**.

APPLICATION

I

A la fin d'un mot de plusieurs syllabes, lorsque e est précédé d'une consonne.

Pa|pe, pi|pe, ju|pe, pou|le, tê|te, li|gne, ru|che, ni|che, ro|be, fê|te, ga|gne, ro|che, si|gne, co|ke, mè|che, vi|de, pa|ille, a|bî|me, a|vi|de, sa|va|te, sa|la|de, pe|lo|te, ca|ra|fe, é|co|le, ma|chi|ne, for|tu|ne, ma|la|de, lé|gu|me, pi|lu|le, sa|li|ve, ri|go|le, pa|ta|te, co|mè|te, ca|rê|me, to|ma|te, é|cu|me, a|ga|te, cul|ti|ve,

mar|mi|te, er|mi|te, ca|ba|ne, pa|ro|le, A|dè|le, É|mi|le, Pi|la|te, Ur|su|le, Gus|ta|ve, Jé|rô|me, Zé|li|ne, Ni|ni|ve, Mar|gue|ri|te.

Pè|re, mè|re, fi|gu|re, ga|ba|re, chi|mè|re, sé|vè|re, no|vi|ce, ar|tè|re, na|tu|re, La|za|re, La Fè|re.

II

A la fin d'un mot, lorsque **e** est précédé d'une voyelle.

Pi|e, vi|e, jou|e, jo|li|e, fo|li|e, po|li|e, pou|lie, co|pie, ché|ri|e, tou|pi|e, mo|nar|chi|e, a|nar|chie, é|tour|de|rie, Ma|rie.

Ar|mé|e, ra|mé|e, co|gné|e, chi|co|ré|e, che|mi|née, jour|née, ma|ti|né|e, O|zé|e, Ju|dé|e, Bo|ré|e, A|mé|dée, I|du|mé|e, Ga|li|lé|e.

Tor|tu|e, bar|bu|e, im|bu|e, ton|du|e, ar|due, fon|du|e, in|du|e, per|du|e, con|fon|du|e.

III

Dans le corps d'un mot, lorsque **e** est également précédé
d'une voyelle et suivi d'une seule consonne.

Lou|e|ra, ni|e|ra, sa|lu|e|ra, nou|e|ra, jou|e|ra, é|tu|di|e|ra, cré|e|ra, a|vou|e|ra, dé|fi|e|ra, ma|ni|e|ra, sa|cri|fi|e|ra, glo|ri|fi|e|ra, é|chou|e|ra, con|tri|bu|e|ra, jus|ti|fi|e|ra.

De la boue. De la salade. De la chicorée. Une carafe neuve. Une jolie fortune. Une mèche fumante. Bonjour, chère mère. Je copie ma leçon. Anatole saluera papa. Il jouera avec Jude. La poule mue. La rue a été pavée. Victor a perdu sa toupie. Simon a la tête nue. La fumée monte par la cheminée.

4ᵉ LEÇON.

Éléments sympathiques.

Première série.

Pla, plo, plè, ple, plé. pli, pleû, plô,
plou, plu, plâ.
plan, plon, plin, plun.

Fla, flo, flè, fle, flé, fli, fleû, flô, flou,
flu, flâ.
flan, flon, flin, flun.

Bla, blo, blè, ble, blé, bli, bleû, blô,
blou, blu, blâ.
blan, blon, blin, blun.

Cla, (kla), clo, clè, cle, clé, cli, cleû,
clô, clou, clu, clâ.
clan, clon, clin, clun.

Gla, glo, glè, gle, glé, gli, gleû, glô,
glou, glu, glâ.
glan, glon, glin, glun.

Clé, plu, peu|plé, pleu|ré, flû|té, plan|té, re|pli,
bâ|clé, ré|glé, sa|blé, plu|mé, cli|ché, blâ|mé,
dou|blé, clar|té, gla|né, flé|chi, bou|clé, é|cla|té,
clô|tu|ré, é|ta|bli.
La table. La plume. Un clou. Du blé. Une
règle. La cloche. Du sable. Une fleur. Le fleu-

ve. Une fable. La boucle. Le flacon. Un flocon.
La planche. L'épingle. Une glande. La plante.
Le déclin de la vie.

Deuxième série.

Pra, pro, prè, pre, pré, pri, preû, prô,
prou, pru, prâ.
pran, pron, prin, prun.

Fra, fro, frè, fre, fré, fri, freû, frô, frou,
fru, frâ.
fran, fron, frin, frun.

Vra, vro, vrè, vre, vré, vri, vreû, vrô,
vrou, vru, vrâ.
vran, vron, vrin, vrun.

Bra, bro, brè, bre, bré, bri, breû, brô,
brou, bru, brâ.
bran, bron, brin, brun.

Tra, tro, trè, tre, tré, tri, treû, trô,
trou, tru, trâ.
tran, tron, trin, trun.

Dra, dro, drè, dre, dré, dri, dreû, drô,
drou, dru, drâ.
dran, dron, drin, drun.

Cra, (kra), cro, crè, cre, cré, cri, creû,
crô, crou, cru, crâ.
cran, cron, crin, crun.

Gra, gro, grè, gre, gré, gri, greû, grô, grou, gru, grâ.
gran, gron, grin, grun.

Sucre, lucre, nègre, vivre, frère, grive, probe, arbre, brave, drogue, trouvé, drapé, gravé, écru, écrin, crible, dragon, cadran, chagrin, branche, cravate, chevron, brun, brigue, frégate, grenade, brique, praline, prêtre, apôtre, propreté, écriture.
La patrie. Une gravure. La tranchée. La crudité. L'étrille. Un fronton. La lune brille. Je prie Marie. Le cheval bronche. L'ivrogne trébuche. Le grillon crie. René bride le cheval. André grave sur cuivre. On drague le canal. Victor défriche le jardin. Le chagrin a tué ma mère. Alexandre a déchiré son livre.

5ᵉ LEÇON.

Étude particulière des Diphthongues.

ia, io, iè, ié, ieu, iu, oué, oi (oua), oui, ui, ué, ian, ion, iin, oin (ouin).

dia, mio, lié, tié, vieu, siu, piou, roi, goui, nui, fian, kion, jiin, zouin.

Dieu, moi, lui, toi, pieu, roi, miel, soif, poil, violon, piano, adieu, voilé, diable, pioche, camélia, rivière, voiture, armoire,

i|voi|re, la|niè|re, bon|soir, pié|ton, lu|miè|re, mi-
roir, sou|piè|re, re|coin, neu|viè|me, join|tu|re,
moi|tié, vo|liè|re, a|mi|tié, é|toi|lé, té|moin, re|-
liu|re, pié|té, sciure.

Un camion. Un triangle. De la viande. Une
tabatière. Celui-là. Un étui. Un parapluie. Va
loin de moi. Flavie a joué du piano. La pluie
tombe. Dieu a pitié de moi. Luc a fermé la vo-
lière. Papa a tué le cochon. Maman a oublié
son fichu. Clovis a déplié son mouchoir. Paul a
été le quatrième. Le lion a dévoré un mouton.
Octavie a débrouillé le fil.

6ᵉ LEÇON.

Équivalences consonnes.

$$c^1, q, qu = {}^2\, k$$

ca, co, cu. — Café, coke, curé, canapé, canon, cocon.

Coq.

Que, qui, coque, époque, casque, liqueur, quinze, coquin.

cq = k — Grecque, acquérir, socque, Jacques.

x = ks — Axe, luxe, sexe, boxe, index, maxime, excepté, Félix.

gu = g — Longue, guide, gueule, langue, guenille, guimauve.

[1] Devant a, o, u.

[2] Égale, ou se prononce.

ph =	**f**	Phare, zéphir, phrase, phlox, Japhet, Pharaon, photographie.
th[1] =	**t**	Thé, Tharé, thème, Seth, Théodore, Théophile.
dh =	**d**	Adhémar, adhérer.
rh =	**r**	Rhume, Rhin, rhénan, rhéteur, rhétorique, rhumatisme.
sh = **ch**		Shako, shérif, Shétland, Shang-Haï.
sch = **ch**		Schako, schisme, schiste, schismatique.
chl = **kl**		Chlore, chlorure, chloroforme.
chr = **kr**		Christ, chrême, chrétien, chronomètre, chronologie.

lle

ille   **= ie**

il

Bille, fille, quille, chenille, pastille, famille, étrille.

Paille, taille, maille, caille, tenaille, médaille, semaille, volaille.

Bouteille, pareille, oreille, corbeille, Marseille, feuille, veuille, rouille, fouille, andouille, citrouille.

Cil, **gril**, babil, péril, avril, Brésil, ail, travail, vitrail, portail, poitrail, pareil, méteil, fenouil, deuil, treuil.

[1] La lettre **h** n'a pas de prononciation particulière ; elle modifie seulement les lettres **p, s, c.**

ti-on = ti-on[1] Question, mixtion, combustion, nous fêtions, nous dations, nous inventions, nous contractions, nous gâtions etc.[2]

Montre l'index. J'étudie le catéchisme. Mon frère a un shako. Adolphe a vu Marseille. Marie a tué son coq. La corbeille a été vidée. La chenille rampe. Le feu pétille. Mathilde a un rhume. Arthur a été chloroformé. Alphonsine a perdu sa médaille. Léon acheta de la paille. Adhémar a bu du café. Christophe a jeté la liqueur. Théophile a la photographie de son père. Le prophète Jonas a été jeté à la mer.

7ᵉ LEÇON.

Équivalences consonnes *(Suite)*.

ç = s[3] ça, ço, çu. — Façade, leçon, façon, déçu, reçu, aperçu, balançoire.

c = s[4] ce, ci, cy. — Ceci, ici, ciel, cène, cigale, cécité, félicité, cycle, cygne, Cyrus, Cyrille.

---

[1] Lorsqu'il est précédé de **s**, **x**, ou que le mot est un verbe précédé de **nous**.

[2] Excepté nous balbutions (**sion**), nous initions (**sion**).

[3] Devant **a**, **o**, **u**.

[4] Devant **e**, **i**, **y**.

cc = ks   Succède, accélère, succession.

g = j [1]   ge, gi, gy. — Genou, givre, génie, cirage, image, bagage, girafe, neige, collège, gypse, gymnastique.

gg = gj   Suggestion, suggérer.

s = z [2]   a, e, i, o, u. — Asa, ésé, isi, oso, usu, ase, ési, iso, osu, usa.
— Base, vase, rose, phrase, visé, visite, visage, poison, artisan, tisane, cerise, rosace, usage, remise, valise, Basile.

x = gz [3]   a, e, i, o, u. — Exa, exé, exi, exo, exu.
— Exil, exigé, exercice, exagone, examiné, exécrable, exécuté, exaucé, exhalé, exhorté, exhumé, exemple.
— Xénophon, Xavier, Xaintrailles.

ti = si   Potion, notion, dévotion, action, ration, désolation, direction, inspection, opération, obligation, condition.
— Prophétie, minutie, diplomatie, aristocratie, Dalmatie.

---

[1] Devant e, i, y.
[2] Entre deux voyelles.
[3] 1° Dans les noms propres commençant par x. — 2° Dans les mots commençant par ex, lorsque x est entre deux voyelles ou qu'il est suivi d'un h.

— **Partial**, initial, national, **Martial.**
— Capétien, Dioclétien, Domitien.
— **Partiel**, confidentiel, essentiel, différentiel, pestilentielle.
— **Balbutia, initia, ineptie, satiété**, balbutier, initier.
— Patient, patience, impatient, impatience, quotient.
— Ambitieux, captieux, contentieux, factieux.

La cigale chante. L'artisan travaille. Martial marche seul. Félicité a aperçu un papillon. Victoire a mangé du lapin. Le maçon a fini le mur. Grégoire a récité sa leçon. Alexandre a le visage pâle. Basile déchirera son pantalon. Le directeur examine notre devoir. Dieu exige notre adoration. Socrate avala du poison. Le médecin fera une opération. — Donatien écrira sa leçon sur l'ardoise.

8ᵉ LEÇON.

Agglomération de consonnes.

mn **Mnémonique**, mnémotechnie, Mnémosyne.

pn **Pneumonie, pneumatique.**

pt **Ptolémée**, Ptolémaïs.

ps   Psalmiste, psalmodie, psautier, pseudonyme, psaume, psychologie.

sp   Spirale, spatule, spécial, inspecteur, spectre, Sparte.

sb   Sbire.

sc   Scapin, scalpel, scorie, scandale, scorpion, Sobieski.

sl   Slave, slavon, Sleswig.

st   Statue, stupide, stage, store, stère, style, Styx, Styrie.

sm   Smala, Smith, Smyrne, Smolensk.

scl   Esclave, esclavage, esclandre.

spl   Splendeur, splendide, splendidement.

scr   Scribe, scrutin, scrupule, scrutateur, scrofule.

str   Stratégie, stratagème, strict, strident, Stromboli.

sph   Sphère, sphérique, sphéricité, sphinx.

Le store sera tiré. La statue sera dorée. Le médecin montrera son scalpel. Le spectacle de la nature. Un garçon stupide. L'inspecteur visitera l'institution. Le général a usé d'un stratagème. Le lustre coûte cher. L'esclandre de Léon sera punie.

9ᵉ LEÇON.

Consonnes nulles, comme prononciation, au commencement, dans le corps et à la fin des mots.

I

Au commencement des mots.

h	Ha! ho! holà! hiver, histoire, Hoche, *homme*.
s	Scie, scène, schisme, schiste.

II

Dans le corps des mots.

p	Baptême, sept, sculpteur, indompté, prom*p*titude.
g	Sangsue, long*t*emps.
h	Thé, thème, bonheur, dahlia, Théotime, Théophile, Théodore.
th	Asthme, asthmatique, isthme.
m	Damné, automne, condamné, condamnation.
s	Aisne.

III

A la fin des mots.

p, ps, pt	Drap, loup, coup, sirop, trop, sept ; draps, loups, coups, tem*ps*, exem*pt*.

b	Plomb, aplomb, Colomb.
t, ts	Art, part, rat, plat, toit, sort, point, savant, méchant ; rat, toit, point ; aspect, respect, défunt, dent, talent, argent.
d, ds	Nid, bord, sourd, grand, froid, quand, gland, fond ; nid, bord, sourd ; lard, tard, lézard, bavard, boulevard.
c, cs, ct	Tabac, cric, broc, aspic, marc, clerc, estomac, blanc, ajonc ; franc, amic, instinct.
g, gs	Sang, étang, long, rang, poing, coing ; rang, poing ; bourg, faubourg, calembourg, hareng.
s, st	Décès, accès, succès, après, bas, gris, colis, rubis, bras, gros, nous, vous, leurs, dans, sans, cours, il, plumes, Jésus-Christ.
h	Ah ! oh ! Schah, Loth, Seth, Judith, Goliath.
ch	Almanach.
l, ls, lt	Baril, outil, fusil, persil, chenil, soûl, pouls, Hérault, Châtellerault.
q	Cinq francs, vingt-cinq plumes.
nt	Ils sortent, ils marchent, ils montent, ils courent.

f   Clef (clé), nerf, cerf, cerf-volant, chef-d'œuvre.

x   Croix, flux, toux, houx, jaloux, heureux, époux, crucifix, paix, faux, saindoux.

Je suis sourd. Le pouls bat fort. Le cochon mange le gland. Baptiste a chargé son fusil. Le soldat porte un schako. Oh ! quel malheur ! Le sculpteur travaille à la statue. La sangsue suce le sang. Je suis courageux. Le chat mange le rat. Armand a tué un loup. Séraphin a compté quarante francs. Fernand a trouvé un nid. Mon pantalon de drap noir a une tache. Les petits garçons courent vite. Christophe Colomb a découvert l'Amérique.

10ᵉ LEÇON

Réduplication des consonnes.

pp = p   Nappe, grappe, appelé, approuvé, je frappe.

mm = m   Pomme, homme, somme, flamme, immaculé, immanquable, immédiat, immobile, immuable, immense.

bb = b   Abbé, sabbat, rabbin, Abbon, Abbeville.

ff = f   Biffé, affable, souffle, difficile, difforme, affiche.

tt	= t	Attiré, attrapé, abattu, calotte, je jette.
dd	= d	Addition, reddition, adducteur.
cc	= c	Accaparé, accablant, accolé, succursale, accourcir, j'accours.
gg	= g	Aggravé, agglutination, agglomération.
ss	= s	Assuré, accessible, messe, cassonade, je possède.
nn	= n	Année, annonce, vanne, canne, étrenne, bonne, Étienne, inné, innovation.
ll	= l	Ville, malle, ficelle, cellule, colline, violoncelle.
rr	= r	Barre, erroné, terreur, horreur, beurre, squirre.

J'attrape la balle. La poule gratte la terre. Appelle ton papa. Narcisse a une belle canne. Pierre mange une pomme. Elle savonne le linge. Je quitterai l'institution. La flamme dévore le bois. Privat souffle la chandelle. J'étrenne ma casquette. Le juif garde le sabbat. L'alouette a une huppe sur la tête. Pose une addition. Anne verra la ville de Toulouse. Philippe ouvrira la porte de la classe. L'année sera bonne pour vous. Je désire voir cette personne. Charlotte achètera une malle. Étienne a de la politesse. Le poisson se promène dans la rivière. Charles aggrave sa situation.   Je colle une image sur mon livre.   Un mur couvert de lierre.

11ᵉ LEÇON.

Équivalences voyelles buccales.

I

a Bave, table, balle, glace, salière, pantalon.

à Là, delà, deçà, déjà.

at Rat, plat, chocolat, chat, rabat.

am-n Il condamna, le damné, il se damna.

em-m Femme, ardemment, prudemment, récemment, diligemment.

em-n Indemnité (inda-mnité), indemnisation, indemniser.

en-n Solennel, hennir, rouennerie, Rouennais.

II

â Ame, âpre, âne, bât, râpe, crâne.

as Las, pas, bas, gras, glas, compas, trépas, repas.

III

O
Ho ! notre, votre, bonne, pomme, orange, homme, chocolat, cor, soc, choc, roc, bloc, coq, coque, toque, troque, époque, bosse, brosse, crosse, carosse, Boniface.

on
Monsieur.

IV

Ô
Le nôtre, le vôtre, rôti, apôtre, le Pô.

o
Oh ! rose, rosier, gosier, groseille.

oc
Accroc, escroc.

op
Sirop, galop.

ot
Pot, sabot, rabot, tricot, grelot, a-bricot, escargot, paletot.

os
Nos, vos, gros, dos, repos.
— Os (ôsse), mérinos, Calvados.
— Rose, pose, dose, prose, glose.

au
Etau, taupe, chaud, audace, gauche, Guillaume.

eau
Seau, veau, chameau, corbeau, bu-reau, marteau, escabeau, étour-neau, Chauveau, Martineau, Gauf-freteau, Simonneau.

V

è	Père, mère, frère, prière. J'espère.
ê	Forêt, genêt, intérêt, même, prêt, protêt.
es	Les, des, mes, tes, ses, ces, tu es.
ei	Veine, peine, reine, seigle, haleine, Seigneur.
et	Muet, objet, cadet, poulet, navet, bonnet, pistolet.
ep	Cep, des ceps, sept francs.
est	Paul est sage, il est bon.
ai	Balai, vrai, clairon, plaisir, maison, libraire.
ais	Mais, dais, frais, j'allais, Français, Anglais.
ait	Du lait, il dormait, il étudiait, il vivait, il craignait.
aix	Paix, faix, portefaix.
aient	Ils couraient, ils marchaient, ils chantaient, ils brûlaient.

VI

e   Me, te, de, que, se, je, le, ne.

eu   Leur, seul, veuf, feuille, douleur, bonheur, valeur.

œu   Œuf, bœuf, œuvre, sœur, mœurs, cœur.

ai   Faisons (fezon), faisant, faisais, satisfaisant, bienfaisant, bienfaisance.

VII

eû   Jeûne, je jeûne, tu jeûnes, ils jeûnent.

eu   Cheveu, cheveux, neveu, neveux, pieux, vieux, aveux.

œu   Œufs, bœufs, vœu, vœux, nœud, nœuds.

VIII

é   Blé, thé, lézard, chéri, courbé, défi.

œ   Œdipe, œcuménique, œsophage.

ai   J'ai, j'allai, je priai, je marchai, je sauterai.

ed   Pied, trépied, cou-de-pied, il s'assied.

er   Berger, verger, marcher, sauter, poirier, pommier, abricotier[1].

---

[1] Fier (adj.) hier, tiers, sont peut-être les seuls mots où la syllabe finale **er** précédée de la voyelle i, se prononce **ère.**

et	Et, Pierre et Paul, Auguste et **moi**.
ez	Nez, chez, marchez, courez, allez, venez.

IX

i	Lui, qui, lundi, mardi, mercredi, jeudi, vendredi, samedi, dimanche.
y	Tyran, lyre, cygne, martyr, myrrhe, système, Polycarpe.

X

ou	Pou, loup, poule, bouchon, mouton, foulon.
w	Wight, whig, Watt, Washington.

XI

u	Tu, jupon, juger, jury, début, juif.
eu	J'ai eu, j'eus, tu eus, il eut, nous eûmes, vous eûtes, ils eurent, vergeure, gageure.

Le sucre est doux. Voilà un beau chou. J'ai eu mal au nez. Notre classe est belle. Cette eau est fraîche. Je me suis fait mal à un pied. J'aime beaucoup ma sœur. Le genêt a une fleur jaune. Ote-toi de là. Le papier est mince. Le cygne a un plumage blanc. Pâques est une fête solennelle. Je sais faire l'addition. Mes cheveux sont noirs. Les bœufs sont forts. Le Tyrol est montagneux.

Le brochet est un poisson vorace.   Le seigle est une céréale.   Ma mère a fait rôtir un poulet. Je ne connais pas le jeu de whist.   On fabrique des couteaux à Châtellerault.   Il y a beaucoup de veines dans notre corps.   Allez chez vous. Polycarpe et Eustache portent des gants.   Pierre et Paul marchaient vite, il y a une demi-heure. Hier, il faisait très chaud ; aujourd'hui, il fait froid.   Élise a mal au cœur.   J'irai à Bordeaux l'année prochaine.   L'abbé de l'Épée fonda une école de sourds-muets à Paris.

12ᵉ LEÇON.

Équivalences voyelles bucco-nasales.

I

an   Van, bran, dans, sang, franc, pantalon.

am   Adam, jambon, tambour, chambre, ingambe.

em   Temple, emploi, rempli, exempt, je tremble, Embrun.

em-m   Emmené, emmuselé, emmagasiné, emmailloté.

en   Pensée, sensé, sentir, trente, science, audience, dent, talent, argent, hareng.
— Enivrer (an-nivrer), enhardir (an-ardir), enorgueillir (an-norgueuillir).

en-n   Ennui, ennuyé, ennuyeux, ennoblir.

II

on   Bon, non, bonbon, fronton, marchons, ajonc.

om   Nom, pompe, sombre, trompeur, promptement.

III

in   Vin, fin, lin, crin, chagrin, écrin, dessin.

im   Impoli, limbe, simple, important, importun.

yn   Lynx, larynx, syncope, syntaxe, synthèse.

ym   Thym, tympan, symbole, symphonie, sympathie.

ain   Pain, main, vilain, demain, lointain.

aim   Faim, daim, essaim.

ein   Dessein, plein, reins, seing, peintre, peinture.

en   Bien, un lien, le mien, le tien, maintien, gardien.
— Agenda, chrétien, Vendéen, Benjamin.

em   Sempiternel.

IV

un   Un cheval, chacun, tribun, aucun.

um   Humble, parfum.

Maman a vendu des rubans. Mon pantalon est trop long. Edmond a mal au front. J'entends le son de la cloche. Le thym sent bon. Le singe gambade. Léon a peint notre chapelle. Nous devons marcher légèrement. Le chien est fidèle à son maître. Mes parents habitent loin d'ici. J'ai eu cinq prix. Je suis content de ma position. Le tonnerre me fait trembler de peur. Louis s'enivre très souvent: il ne faut jamais s'enivrer. Le gendarme emmène le voleur en prison. Le raisin bien mûr est sain. Demain matin, je prendrai un bain. J'aime le parfum de la rose. Je m'ennuie à ne rien faire. Alexandre a poursuivi un essaim. On fait le pain avec de la farine et de l'eau. Je crois toutes les vérités du symbole. Nous mettons des timbres-poste sur les lettres. Les soldats battent souvent du tambour. Nos premiers parents sont Adam et Ève. Jésus-Christ est mort pour chacun de nous. Les bons chrétiens prient Dieu matin et soir. Le chat feint de ne pas voir la souris. L'homme humble sera récompensé de Dieu. La faim fait sortir le loup du bois. Émilie est tombée en syncope hier soir. La pluie a rempli d'eau notre bassin.

13ᶜ LEÇON

Prononciation des désinences d'un verbe.

INDICATIF PRÉSENT.

Je casse (âsse)
Tu casses
Il casse
Nous cassons
Vous cassez (é)
Ils cassent (e).

IMPARFAIT.

Je cassais (è)
Tu cassais
Il cassait
Nous cassions
Vous cassiez (é)
Ils cassaient (è).

PASSÉ DÉFINI.

Je cassai (é)
Tu cassas (â)
Il cassa
Nous cassâmes
Vous cassâtes
Ils cassèrent (e).

PASSÉ INDÉFINI.

J'ai (é) cassé
Tu as (â) cassé
Il a cassé
Nous avons cassé
Vous avez (é) cassé
Ils ont cassé.

PASSÉ ANTÉRIEUR INDÉFINI.

J'ai (é) eu (u) cassé
Tu as (â) eu cassé
Il a eu cassé
Nous avons eu cassé
Vous avez (é) eu cassé
Ils ont eu cassé.

PASSÉ ANTÉRIEUR DÉFINI.

J'eus (u) cassé
Tu eus cassé
Il eut cassé
Nous eûmes cassé
Vous eûtes cassé
Ils eurent (e) cassé.

PLUS-QUE-PARFAIT.

J'avais (è) cassé
Tu avais cassé
Il avait cassé
Nous avions cassé
Vous aviez (é) cassé
Ils avaient (è) cassé.

FUTUR.

Je casserai (é)
Tu casseras (â)
Il cassera
Nous casserons
Vous casserez (é)
Ils casseront.

FUTUR ANTÉRIEUR.

J'aurai (é) cassé
Tu auras (â) cassé
Il aura cassé
Nous aurons cassé
Vous aurez (é) cassé
Ils auront cassé.

CONDITIONNEL PRÉSENT.

Je casserais (è)
Tu casserais
Il casserait
Nous casserions
Vous casseriez (é)
Ils casseraient (è).

PASSÉ (1ʳᵉ forme).

J'aurais (è) cassé
Tu aurais cassé
Il aurait cassé
Nous aurions cassé
Vous auriez (é) cassé
Ils auraient (è) cassé.

PASSÉ (2ᵉ forme).

J'eusse (usse) cassé
Tu eusses cassé
Il eût cassé
Nous eussions cassé
Vous eussiez (é) cassé
Ils eussent (e) cassé.

IMPÉRATIF.

Casse
Cassons
Cassez (é).

SUBJONCTIF PRÉSENT.

Que je casse
Que tu casses
Qu'il casse
Que nous cassions
Que vous cassiez (é)
Qu'ils cassent (e).

IMPARFAIT.

Que je cassasse
Que tu cassasses
Qu'il cassât
Que nous cassassions
Que vous cassassiez (é)
Qu'ils cassassent (e).

PASSÉ.

Que j'aie (è) cassé
Que tu aies cassé
Qu'il ait cassé
Que nous ayons (ai-ion) cassé
Que vous ayez (ai-ié) cassé
Qu'ils aient cassé.

PLUS-QUE-PARFAIT.

Que j'eusse (usse) cassé
Que tu eusses cassé
Qu'il eût cassé
Que nous eussions cassé
Que vous eussiez (é) cassé
Qu'ils eussent (e) cassé.

INFINITIF PRÉSENT.

Casser (é).

PASSÉ.

Avoir cassé.

PARTICIPE PRÉSENT.

Cassant.

PARTICIPE PASSÉ.

Cassé, cassée, ayant (ai-ian) cassé.

14ᵉ LEÇON.

Équivalences irrégulières.

I

y	= ii	Pays (pai-i), rayon (rai-ion), moyen (moi-ien), crayon (crai-ion), je grasseye (grassei-ie), asseyez-vous, royal, joyeux, voyage, royaume, noyer, envoyé.
y	= i	Bayonne (ba-ione), Bayard, Bayeux, Blaye (bla-ie).
œ	= eu	Œil, œillade, œillet, œillette.
ueil	= eu-ie	Accueil, orgueil, recueil, cueillir, cercueil.
im	= ime	Sélim, intérim, Naïm, Ephraïm.
ym	= ime	Hymne, gymnase, gymnastique.
ao	= o	Août, taon, Saône.
ao	= a	Paon, paonne, faon, Laon.
oa	= o	Toast, toaster.
ea	= a	Jean, Jeanne, Jeannette.
ae	= a	Caen.
eun	= un	Être à jeun.
eo	= o	Pigeon, mangeons, surseoir, asseoir.
oi	= o	Oignon, poignée, poignet, poignard, empoigner, encoignure.

am = ame   Amnistie, Siam, Abraham, Jéroboam.

om = ome   Calomnie, insomnie, omnibus.

un = on   Punch.

um = ome   Arum, rhum, rectum, album, forum, factum, opium, palladium, muséum, triumvir, triumvirat, maximum, minimum, ultimatum, postscriptum, factotum, aluminium, géranium, pensum, laudanum, décorum, Capharnaüm, Nahum, Actium.

ess = e   Dessus, dessous, ressaisir, ressort, ressentir, ressortir, ressemer, ressouder, ressasser, ressauter, ressaigner, ressouvenir, ressource, resserrer, resservir, ressembler, ressemeler, etc.

Au commencement des mots suivants et de leurs dérivés,
e devant une double consonne se prononce :

é   Ecclésiastique, effacer, effaroucher, effectif, effet, effeuiller, efficace, ellipse, essai, essaim, essayer, essentiel, essieu, essor, essouffler, essuyer, Emmanuel.

II

s	**= z**	Alsace, balsamine, transit, transition, transitoire, transaction, transitif, transiger.
s	**= s**	Parasol, désuétude, antisocial, monosyllabe, contresigner, préséance, présupposé, présanctifiés, vraisemblance, etc.
c	**= g**	Second, secondaire, secondement.
ch	**= k**	Écho, chœur, choriste, orchestre, lichen, technique, ichthyophage, Zurich, archange, Chanaan, Machabée, Achaz, Cham.
qu	**= ku**	Équestre, questure, équitation, quintupler.
qu	**= kou**	Équateur, aquarelle, quadruple, loquace, loquacité, quadrupède, quadrumane, équatorial, quadrangulaire, quadrature.
gu	**= gu**	Aiguiser, aiguille, aiguillon, aiguilleur, Guinée, Guyane, le duc de Guise.
gu	**= gou**	Guadeloupe, Alguasil, Guadalquivir, Guatémala.
gn	**= gue-n**	Igné, ignition, stagnante, stagnation, gnostique.

w	= v	(Pour les mots français ou allemands). Wagon, Wissembourg, Wéser, Wéber, Westphalie, Wurtemberg, Witikind.
w	= ou	(Pour les mots anglais). Wagon, whig, whist, Watt, Wilfrid, Windsor, Wallis, Washington, Wisseman.
ew	= eû	New-York, Newton, Newcastle, Newport.
x	= s	Dix, six, soixante, Auxerre, Auxonne, Bruxelles.
x	= z	Deuxième, sixième, dixième, dix-huit.

Enfin, tous les éléments se prononcent dans les mots suivants :

As, arc, lis, bis, vis, but, mat, luth, atlas, échec, abject, musc, gratis, bismuth, brut, chut, occiput, cap, bouc, cens, joug, obus, correct, indirect, intellect, suspect, blocus, toast, index, idem, abdomen, correct, aloès, déficit, tacet, zénith, jadis, exact, strict, granit, accessit, intérim, omnibus, lest, Est, Ouest, Sud, Brest, Bukarest, Ernest, Pesth, Christ, David, Job, Moab, Caleb, Gad, Obed, Sem, Eden, Ajax, Japhet, Agnès, Cérès, Dioclès, Damoclès, Manassès, Turc, Ruth, Pollux, Bethléem, Jérusalem.

Paul a acheté un porte-crayon. J'ai envoyé une lettre à mon père. Mon père a soixante ans. Hier, j'ai cueilli des cerises. J'ai beaucoup voyagé en wagon. L'eau stagnante se corrompt facilement. J'ai pris des leçons d'équitation. On pique les bœufs avec un aiguillon. Je suis le sixième de ma classe. Les calomniateurs sont détestés. J'ai bu du rhum. Bruxelles est la capitale de la Belgique. Ernest a un magnifique album. La ville de Laon est bâtie sur une colline. Le dimanche on chante des hymnes à la louange de Dieu. Le cheval et le bœuf sont des quadrupèdes. L'aiguille de ma montre est cassée. Le tigre royal est magnifique. Victorin donne souvent des œillades à Paul. Il ne faut jamais transiger avec le devoir. On se garantit des rayons du soleil avec un parasol. Ernest est le second dans la composition de français. La ville de Capharnaüm est détruite. Le Guadalquivir est un fleuve d'Espagne. Witikind résista longtemps à Charlemagne. Je ne connais pas le jeu de cartes appelé whist. Paul a trouvé du déficit dans sa caisse. J'ai dix-huit francs dans ma poche. J'ai visité Nazareth, Bethléem et Jérusalem.

15ᵉ LEÇON.

Liaison des mots.

a, e, i, o, u, y, h.

t

Cet enfant,   tout homme,   objet utile,
Cè-tenfant,   tou-thomme,   objè-tutile,
  court-il ?
  cour-til ?

n

Mon âme,   ton habit,   son ardoise,
Mon-nâme,   ton-nhabit,   son-nardoise,
  en aveugle,   divin amour.
  en-naveugle,   divin-namour.

l

Bel hôtel,   nouvel emploi,   le ciel en
Bè-lhôtel,   nouvè-lemploi,   le ciè-len
  feu.
  feu.

r

Leur ami,   tour à tour,   cœur à cœur,
Leu-rami,   tou-rà tour,   cœu-rà cœur,
  aller à Paris.
  allé-rà Paris.

z

Chez elle,   venez ici,   buvez un peu,
Ché-zelle,   vené-zici,   buvé-zun peu,
  allez au salon.
  allé-zau salon.

p   Trop étroit,   beaucoup à voir,   beau-
         Tro‑pétroit,   beaucou‑pà voir,   beau-
         coup à donner.
         cou‑pà donner.

s = z   Mes amis,   les animaux,   des histoires,
         Mè‑zamis,   lè‑zanimaux,   dè‑zhistoires,
         les yeux,   leurs usages.
         lè‑zyeux,   leur‑zusages.

x = z   Deux oreilles,   six heures,   dix ans,
         Deu‑zoreilles,   si‑zheures,   di‑zans,
         voix horrible.
         voi‑zhorrible.

d = t   Grand écrivain,   froid excessif,   pied‑à-
         Gran‑técrivain,   froi‑texcessif,   pié‑tà-
         terre,   vend‑il ?   grand homme.
         terre,   ven‑til ?   gran‑thomme.

g = k   Sang humain,   rang élevé,   long exer-
         San‑khumain,   ran‑kélevé,   lon‑kexer-
         cice,   long hiver.
         cice,   lon‑kiver.

f = f   Soif ardente,   chétif insecte,   bœuf é-
         Soi‑fardente,   chéti‑finsecte,   bœu‑fé-
         norme,   œuf éclos.
         norme,   œu‑féclos.

f = v   Neuf ans,   dix‑neuf ans,   vingt‑neuf
         Neu‑vans,   dix‑neu‑vans,   vingt‑neu-
         ans.
         vans.

rt = r Art utile,   rempart élevé,   départ avan-
a-rutile,   rempa-rélevé,   dépa-ravan-
cé,   part énorme.
cé,   pa-rénorme.

rd ·· r Dard aigu,   boulevard agréable,   ha-
Da-raigu,   bouleva-ragréable,   ha-
sard heureux,   bavard importun.
sa-rheureux,   bava-rimportun.

c = k Avec effort,   porc-épic,   avec ironie,
Avè-keffort,   por-képic,   avè-kironie,
bec effilé.
bè-keffilé.

ct=k Aspect affreux,   instinct ignoble,   res-
Aspè-kaffreux,   instin-kignoble,   res-
pect humain,   district important.
pè-khumain,   distri-kimportant.

Le cheval est un bel animal.   Nous aimons la promenade.   Je ne suis jamais allé à Rome.   Les hirondelles gazouillent.   Les hommes aiment la chasse.   On a ferré cet âne.   Nous avons un chien. Ces enfants sont innocents.   J'ai neuf ans.   Victor a la migraine.   Paul a rogné les ailes à son oiseau.   Un lac est un grand amas d'eau.   J'ai une soif ardente.   Il est six heures.   Il y a beaucoup à faire pour être sage.   Sa voix est douce. Le froid est excessif.   Mon ami est parti.   Ton chapeau est usé.   Le dessin est un art utile.   Oscar est arrivé ce matin.   Je leur ai donné du pain. Le voleur est pris.   Vous avez assez bu.   Allez en classe. C'est un dangereux écueil. Nous avons eu un rigoureux hiver. Napoléon est un grand homme. J'ai lu un volumineux ouvrage. Il vend au plus bas prix. Le directeur a un long entretien avec Émile. Cet homme fend une grosse bûche. Le préfet occupe un rang élevé. Le bœuf est un gros quadrupède. Mon canif a quatre lames. Mon père était veuf à vingt-neuf ans. L'institution a un aspect agréable. La ville a des remparts élevés. Vous avez beaucoup à étudier pour devenir savant.

16ᵉ LEÇON.

I

Emploi du tréma.

aï, aë, aü, oü, oï, oë, uë, aïn, oïn.

aï	= a-i	Maïs, haïr, naïf, aïeul, baïonnette, Caïphe, Sinaï, Éphraïm, Isaïe, Naïm.
aë	= a-è	Israël, Raphaël.
aü	= a-u	Ésaü, Saül, Emmaüs, Capharnaüm (ome).
oü	= o-u	Antinoüs.
oï	= o-i	Ovoïde, hyoïde, héroïque, égoïste, Moïse.
oë	= o-è	Joël, Noël.

uë = u	Aiguë, ciguë, exiguë, contiguë.
aïn = a-in	Caïn, païen.
oïn = o-in	Coïncide, Coïmbre.
ouï = ou-i	L'ouïe, un ouï-dire.

II

H aspiré.

Pour ne pas exposer notre élève à fausser sa voix en accentuant l'effet de l'h aspiré sur la voyelle qui suit, nous nous contentons d'indiquer simplement la suppression de toute liaison. Si cependant le Professeur jugeait à propos de marquer davantage l'aspiration, il n'aurait qu'à dire à l'enfant de donner un peu de souffle en articulant vivement la voyelle qui suit l'**h**.

Des haches, un hanneton, la haie, la honte.
Dè-aches, un-anneton, la-aie, la-onte.

Principaux mots dans lesquels l'**h** est aspiré.

Un hamac, des haillons, ses hardes, le hangar, la hanche, la hampe, une harpe, des harengs, un hérisson, un héros, une herse, un héraut, un héron, herser, un hêtre, heurter, un heurt, un hibou, la hie, haïr, hisser, hennir, hausser, un harpon, harponner, un harpiste, un homard, des hochets, hocher, la honte, honteux, le hoquet, une hotte, du houblon, une houe, la houille, une houlette, des haricots, la houle, une houppelande, une housse, du houx, une houssine, un hoyau, une huche, hucher, huer, humer, la hune, une huppe, la hure, hurler, une hutte, les hussards, un huguenot, la Hollande, la Haye, etc.

Caïn haïssait son frère Abel. Moïse gouverna Israël pendant quarante ans. Les sourds-muets sont privés de l'ouïe. Les enfants aiment beaucoup les hannetons. Socrate s'empoisonna avec de la ciguë. Soyez tous des héros. Nous avons des hérissons dans notre jardin. Peu de personnes aiment le hareng saur. On prend les baleines avec des harpons. Les chevaux hennissent fréquemment. On cultive beaucoup le maïs en Espagne. Il ne faut jamais haïr personne.

17ᵉ LEÇON.

I

Signes orthographiques.

′	Un accent aigu :	Dé, carré, vérité, cétacé.
`	Un accent grave :	Père, mère, règle, cuillère.
^	Un accent circonflexe :	Tête, âne, flûte, épître.
¨	Un tréma :	Maïs, égoïste, Caïn, Saül.
ç	Une cédille :	Leçon, aperçu, maçon, commençant.
'	Une apostrophe :	L'ami, l'odeur, l'histoire, l'ivresse.

-	Un trait d'union :	Porte-monnaie, arc-en-ciel, eau-de-vie.
—	Un tiret :	Le jour. — La chaleur. — Des oiseaux.
( )	Une parenthèse :	L'abbé de l'Épée (1712-1789). a instruit des sourds-muets
« »	Les guillemets :	Dieu dit : «Que la lumière soit ! »

II

Signes de ponctuation.

,	Une virgule :	L'âne, le chien, le chat sont des quadrupèdes.
;	Un point virgule :	J'ai reçu votre lettre ; je l'ai lue avec plaisir.
:	Deux points :	Jésus-Christ a dit : « Aimez vos ennemis. »
.	Un point :	Dieu est bon. Soyez toujours sage.
?	Un point interrogatif :	Avez-vous faim ? — Avez-vous de l'argent ?
!	Un point exclamatif :	Oh ! que je souffre ! — Léon ! cours au jardin.
....	Points suspensifs :	Voulez-vous que.....

18ᵉ LEÇON.

Abréviations.

J.-C.	Jésus-Christ
N.-S.	Notre-Seigneur
Sᵗ	Saint
Sᵗᵉ	Sainte
S. S.	Sa Sainteté
S. M.	Sa Majesté
S. A. R.	Son Altesse Royale
S. Ex.	Son Excellence
S. Ém.	Son Éminence
N. T. C. F.	Nos Très Chers Frères
R. P.	Révérend Père
S. G.	Sa Grandeur
Mᵍʳ	Monseigneur
M.	Monsieur
MM.	Messieurs
Mᵐᵉ	Madame
MMᵐᵉˢ	Mesdames
Mᵉˡˡᵉ	Mademoiselle
Mᵉ	Maître
Mᵈ	Marchand
Nᵍᵗ	Négociant
Paul et Cⁱᵉ	Paul et Compagnie
N. B.	Nota Bene
P. S.	Post-Scriptum
P. P.	Port payé
Le Sʳ	Le sieur
Vᵛᵉ	Veuve
Ex.	Exemple

N°	Numéro
C.-à-d.	C'est-à-dire
7bre	Septembre
8bre	Octobre
9bre	Novembre
Xbre	Décembre
etc.	Et cætera

19ᵉ LEÇON.

Lecture Courante.

Dieu a créé le ciel, la terre, le soleil, la lune et les étoiles.

Dieu a aussi créé les quadrupèdes, les oiseaux, les poissons, les reptiles, les insectes, les plantes.

Le bœuf, le cheval, l'âne, la chèvre et la brebis sont des quadrupèdes.

Le Canard, l'oie, le coq, la pie et le moineau sont des oiseaux.

La carpe, l'anguille, le hareng, la morue et la sardine sont des poissons.

La vipère, la couleuvre, le crapaud, la grenouille et le lézard sont des reptiles.

Le papillon, la mouche, l'abeille, la sauterelle et la fourmi sont des insectes.

Le chêne, le pin, le peuplier, le cerisier, le hêtre sont des arbres.

Il y a beaucoup de plantes : tous les arbres, tous les arbustes, toutes les herbes sont des plantes.

Les quadrupèdes marchent sur la terre ; les oiseaux volent dans l'air ; les poissons nagent dans l'eau ; les reptiles rampent sur le ventre.

Il y a des insectes qui marchent et volent ; d'autres
qui marchent ou volent seulement.
J'aime beaucoup les fruits ; je ne dédaigne point
les fleurs.

L'hiver est venu : la terre est gelée, il tombe de
la neige, le vent souffle très fort, le soleil paraît
rarement et il fait grand froid.

Nous sommes au printemps ; il n'y a plus de
neige, il fait déjà chaud. L'herbe pousse dans les
prés, les arbres fleurissent dans les bosquets, les
papillons voltigent dans les airs, les oiseaux font
entendre leur ramage dans les bois.

La petite fille et le petit chat.

Une petite fille était assise dans un jardin.
Il y avait à la porte un petit chat qui était très
gentil.
La petite fille appela le petit chat.
« Minet ! Minet ! viens, Minet ! »
Minet vint près de la petite fille ; il joua avec elle,
et la caressa en faisant : ron, ron, ron.
Jusque-là, tout allait bien. Mais une pensée mé-
chante traversa l'esprit de la petite fille : elle tira
le petit chat par la queue.
Alors Minet se fâcha ; il ne fit plus ron, ron, mais
il donna un coup de griffe à la petite fille en faisant
ff ! ff ! et il s'en alla la laissant seule.
Les méchants n'ont point d'amis.

(Mme Pape-Carpentier).

Le Corbeau et le Renard.

Maître corbeau, sur un arbre perché,
Tenait en son bec un fromage.
Maître renard, par l'odeur alléché,
Lui tint à peu près ce langage :
Hé ! bonjour, Monsieur du Corbeau,
Que vous êtes joli ! que vous me semblez beau !
Sans mentir, si votre ramage
Se rapporte à votre plumage,
Vous êtes le phénix des hôtes de ces bois.
A ces mots, le corbeau ne se sent pas de joie ;
Et, pour montrer sa belle voix,
Il ouvre un large bec, laisse tomber sa proie.
Le renard s'en saisit et dit : Mon bon Monsieur,
Apprenez que tout flatteur
Vit aux dépens de celui qui l'écoute :
Cette leçon vaut bien un fromage, sans doute.
Le corbeau, honteux et confus,
Jura, mais un peu tard, qu'on ne l'y prendrait plus.

L'enfant qui pense à sa mère.

En plein hiver, un incendie consuma plusieurs maisons d'un village. Des familles entières se trouvèrent sans ressource.

Le Curé d'un bourg voisin recueillit chez lui trois enfants dont il connaissait la famille.

Le froid était rigoureux : les trois enfants étaient transis.

Le bon Curé leur dit de s'approcher du foyer, et il leur fit apporter du pain et un peu de viande.

Les deux aînés mangèrent leur portion de bon appétit ; quant au plus jeune, il regardait la sienne d'un air satisfait, mais il n'y touchait pas.

« Eh bien, mon petit, dit le Curé, tu ne manges pas ? »

— « Non, monsieur le Curé, répondit l'enfant ; je garde mon pain et ma viande pour ma mère, qui est malade. »

— « Mange toujours, mon petit ami, j'enverrai ce qu'il faut à ta maman. »

— « Oh ! non, je ne mangerai pas, je veux lui porter ce que voilà, car maman est malade. »

A ces derniers mots, les yeux de l'enfant se remplirent de larmes.

« Ta mère ne manque de rien, mon petit, reprit le Curé ; crois-moi, mange, car tu dois avoir faim. »

— « Oui, j'ai faim ; mais maman est malade. »

— « Eh bien, tiens, voilà du pain et de la viande que tu lui porteras toi-même ; mais je veux que tu manges ce que je t'ai donné. »

— Dans ce cas-là, monsieur le Curé, je mangerai bien mon pain sec ; ma viande, permettez-moi de la garder pour maman. »

Le Curé fut touché jusqu'aux larmes de cette tendresse filiale. Il s'occupa de la malade, la fit soigner, et le bon fils put voir sa mère revenir à la santé.

Dieu voit tout.

Nous sommes seuls, dit Jacques à sa sœur Anna, viens avec moi, nous allons chercher partout s'il y a quelque chose de bon, nous nous régalerons.

— J'irai avec toi, dit Anna, si tu peux me conduire dans un endroit où personne ne nous verra.

— Eh bien, dit Jacques, viens à la laiterie ; nous boirons un bon bol de crème.

— Le voisin qui fend le bois dans la rue nous verra, répondit Anna.

— En ce cas, dit Jacques, viens dans la cuisine, nous y trouverons un pot plein de miel.

— La voisine qui coud à sa fenêtre nous verra, répondit Anna.

— Alors, dit Jacques, descendons à la cave pour y manger des pommes.

— Si les voisins ne nous voient pas, dit Anna, Dieu nous verra, car Dieu voit tout, et il défend de mal faire.

Jacques répliqua : « Tu as raison, ma sœur ; » et il reconnut qu'il faut toujours agir comme si l'on agissait au grand jour.

***

Le Berger menteur.

Jean gardait ses moutons non loin d'une grande forêt.

Il arriva un jour que voulant plaisanter et se moquer des gens, il cria : le loup ! le loup !

Aussitôt les paysans qui travaillaient dans les champs voisins coururent vers l'enfant pour le secourir. Mais en arrivant auprès de Jean, ils ne trouvèrent point le loup et ils s'en retournèrent à leurs champs.

Jean se moqua d'eux et dit : je les ai bien attrapés.

Un instant après, Jean se mit encore à crier : le loup ! le loup ! Quelques paysans revinrent encor pensant que Jean voyait le loup, mais il n'y était pas plus que la première fois. Ils s'en allèrent en haussant les épaules et en disant : nous n'y reviendrons plus.

Et Jean, qui les avait attrapés, riait beaucoup.

Un instant après, le loup vint en effet, et le petit bonhomme cria de toutes ses forces : au loup ! au loup !

Les paysans l'entendirent bien, mais comme ils avaient déjà été trompés deux fois, ils ne voulurent plus quitter leurs champs.

Et le pauvre petit fut emporté par le loup.

Le Sourd-Muet guéri par Notre-Seigneur.

On amena un jour à Jésus-Christ un sourd-muet, et on le pria de lui imposer les mains. Jésus le tirant à l'écart, hors de la foule, lui mit les doigts dans les oreilles, et, ayant pris de la salive, il lui toucha la langue ; puis levant les yeux au ciel, il jeta un soupir et dit : Ephphetha, c'est-à-dire ouvrez-vous. Aussitôt ses oreilles s'ouvrirent et sa langue se délia, et il parlait distinctement.

Jésus leur défendit de le dire à personne ; mais plus il le leur défendait, plus ils le publiaient. Et ils disaient, dans l'admiration où ils étaient : « Il a bien fait toutes choses, il a fait entendre les sourds et parler les muets. »

La Cigale et la Fourmi.

La cigale ayant chanté,
    Tout l'été,
Se trouva fort dépourvue
Quand la bise fut venue :
Pas un seul petit morceau
De mouche ou de vermisseau :
Elle alla crier famine,
Chez la fourmi, sa voisine,
La priant de lui prêter
Quelque grain pour subsister
Jusqu'à la saison nouvelle.
— Je vous payerai, lui dit-elle,
Avant l'août, foi d'animal,
Intérêt et principal.
La fourmi n'est pas prêteuse,
C'est là son moindre défaut.
— Que faisiez-vous au temps chaud ?
Dit-elle à cette emprunteuse.
— Nuit et jour à tout venant,
Je chantais, ne vous déplaise.
— Vous chantiez, j'en suis fort aise !
Eh bien ! dansez maintenant.

Godefroy aux Chefs de l'armée des Croisés.

Soldats du Dieu vivant, hommes intrépides, choisis pour relever son culte et ses temples, guerriers qu'il a dirigés au milieu des tempêtes pour rétablir ses droits et pour laver ses injures, vous que son bras guide, que sa puissance soutient, il est temps de remplir le premier de vos devoirs. Est-ce pour envahir ces pays barbares, séparés de nos heureux climats par de vastes mers, est-ce pour effrayer d'un vain bruit les peuples et les princes, que nous avons mille fois affronté ensemble les dangers toujours renaissants, les travaux, les combats, que nous avons traversé tant de mers, confondu tant de ligues, et porté loin de notre patrie, au milieu des périls, les étendards d'un Dieu mort sur la croix? Non, croyez-moi, ces faibles travaux, ces obscures conquêtes ne sont pas le digne prix de nos souffrances, et l'orgueilleux Sarrasin, renversé à nos pieds, est loin d'acquitter le sang que nous avons perdu.

Faire flotter nos drapeaux sur les murs de Jérusalem, arracher les Chrétiens à la servitude qui les accable, adorer le berceau du Sauveur, fonder un nouvel empire en Palestine, ouvrir aux pèlerins du milieu de l'Europe une route assurée vers le tombeau divin, faire régner le Christianisme sur vingt nations soumises, voilà les exploits qui nous furent promis.

PRIÈRE.

Au nom du Père, et du Fils, et du Saint-Esprit.
Ainsi soit-il.

L'Oraison dominicale.

Notre Père, qui êtes aux cieux, que votre nom soit sanctifié, que votre règne arrive, que votre volonté soit faite sur la terre comme au ciel.

Donnez-nous aujourd'hui notre pain de chaque jour, pardonnez-nous nos offenses, comme nous pardonnons à ceux qui nous ont offensés, et ne nous laissez pas succomber à la tentation, mais délivrez-nous du mal. — Ainsi soit-il.

La Salutation Angélique.

Je vous salue, Marie, pleine de grâces, le Seigneur est avec vous, vous êtes bénie entre toutes les femmes, et Jésus, le fruit de vos entrailles, est béni.

Sainte Marie, Mère de Dieu, priez pour nous, pauvres pécheurs, maintenant et à l'heure de notre mort. — Ainsi soit-il.

LECTURE DES NOMBRES.

0	Zéro	24	Vingt-quatre
1	Un	25	Vingt-cinq
2	Deux	26	Vingt-six
3	Trois	27	Vingt-sept
4	Quatre	28	Vingt-huit
5	Cinq	29	Vingt-neuf
6	Six	30	Trente
7	Sept	31	Trente et un
8	Huit	32	Trente-deux
9	Neuf	33	Trente-trois
10	Dix	34	Trente-quatre
11	Onze	35	Trente-cinq
12	Douze	36	Trente-six
13	Treize	37	Trente-sept
14	Quatorze	38	Trente-huit
15	Quinze	39	Trente-neuf
16	Seize	40	Quarante
17	Dix-sept	41	Quarante et un
18	Dix-huit	42	Quarante-deux
19	Dix-neuf	43	Quarante-trois
20	Vingt	44	Quarante-quatre
21	Vingt et un	45	Quarante-cinq
22	Vingt-deux	46	Quarante-six
23	Vingt-trois	47	Quarante-sept

48 Quarante-huit	76 Soixante-seize
49 Quarante-neuf	77 Soixante-dix-sept
50 Cinquante	78 Soixante-dix-huit
51 Cinquante et un	79 Soixante-dix-neuf
52 Cinquante-deux	80 Quatre-vingts
53 Cinquante-trois	81 Quatre-vingt-un
54 Cinquante-quatre	82 Quatre-vingt-deux
55 Cinquante-cinq	83 Quatre-vingt-trois
56 Cinquante-six	84 Quatre-vingt-quatre
57 Cinquante-sept	85 Quatre-vingt-cinq
58 Cinquante-huit	86 Quatre-vingt-six
59 Cinquante-neuf	87 Quatre-vingt-sept
60 Soixante	88 Quatre-vingt-huit
61 Soixante et un	89 Quatre-vingt-neuf
62 Soixante-deux	90 Quatre-vingt-dix
63 Soixante-trois	91 Quatre-vingt-onze
64 Soixante-quatre	92 Quatre-vingt-douze
65 Soixante-cinq	93 Quatre-vingt-treize
66 Soixante-six	94 Quatre-vingt-quatorze
67 Soixante-sept	
68 Soixante-huit	95 Quatre-vingt-quinze
69 Soixante-neuf	96 Quatre-vingt-seize
70 Soixante-dix	97 Quatre-vingt-dix-sept
71 Soixante et onze	
72 Soixante-douze	98 Quatre-vingt-dix-huit
73 Soixante-treize	
74 Soixante-quatorze	99 Quatre-vingt-dix-neuf
75 Soixante-quinze	

100 Cent
101 Cent un
102 Cent deux
103 Cent trois
104 Cent quatre
105 Cent cinq
106 Cent six
107 Cent sept
108 Cent huit
109 Cent neuf
110 Cent ix
120 Cent vingt
130 Cent trente
140 Cent quarante
150 Cent cinquante
160 Cent soixante
170 Cent soixante-dix
180 Cent quatre-vingts
190 Cent quatre-vingt-dix
200 Deux cents
300 Trois cents
400 Quatre cents
500 Cinq cents
600 Six cents
700 Sept cents
800 Huit cents
900 Neuf cents

1.000 Mille
2.000 Deux mille
3.000 Trois mille
4.000 Quatre mille
5.000 Cinq mille
6.000 Six mille
7.000 Sept mille
8.000 Huit mille
9.000 Neuf mille
10.000 Dix mille
20.000 Vingt mille
30.000 Trente mille
40.000 Quarante mille
50.000 Cinquante mille
60.000 Soixante mille
70.000 Soixante-dix mille
80.000 Quatre-vingt mille
90.000 Quatre-vingt-dix mille
100.000 Cent mille
1.000.000 Un million
1.000.000.000 Un billion ou un milliard.

Irrégularités dans la prononciation de certains nombres.

Nombres abstraits.	Nombres concrets[1].
Cinq (sink)	Cinq (sin) francs
Six (sisse)	Six (si) billes
Sept (sète)	Sept (sè) poules
Huit (uite)	Huit (ui) lapins
Neuf	Neuf (neu) chevaux
Dix (disse)	Dix (di) mètres
Dix-sept (di-sète)	Dix-sept (di-sè) moutons
Dix-neuf (diz-neuf)	Dix-neuf (dis-neu) canards
Vingt (vin)	Vingt (vin) bœufs
Vingt et un (vin-té-un)[2]	Vingt (vinte) ânes
Vingt-deux (vinte-deux)	Deux arbres (deuz-arbres)
Vingt-trois (vinte-trois)	Cinq enfants (sink-enfants)
Vingt-quatre (vinte-quatre)	Six oiseaux (siz-oiseaux)
Vingt-cinq (vinte-sink)	Sept images (sète-images)
Vingt-six (vinte-siisse)	Huit unités (uite-unités)
Vingt-sept (vinte-sète)	(res)
Vingt-huit (vinte-uite)	Neuf histoires (neuf-histoi-
Vingt-neuf (vinte-neuf)	Dix-oies (diz-oies)
Soixante (soissante)	Vingt-cinq (sink) agneaux
Quatre-vingts (vin)	

Deux (deu) — deuxième (deuzième)
Six — sixième (sizième)
Neuf — neuvième
Dix-neuf — di-neuvième
Soixante — soixantième (soissantième)

[1] La consonne finale des nombres concrets se lie, dans la prononciation, avec le mot suivant, s'il commence par une voyelle ; elle est annulée au contraire, lorsque ce mot commence par une consonne.

[2] Dans la série des nombres de vingt à trente, le t final est accentué malgré la consonne initiale du mot suivant. — La même exception se présente pour le x de dix-neuf.

CHIFFRES ROMAINS

I	V	X	L	C	D	M
1	5	10	5o	100	5oo	1000

I	Un	LX	Soixante
II	Deux	LXX	Soixante-dix
III	Trois	LXXX	Quatre-vingts
IV	Quatre	XC	Quatre-vingt-dix
V	Cinq	C	Cent
VI	Six	CC	Deux cents
VII	Sept	CCC	Trois cents
VIII	Huit	CD	Quatre cents
IX	Neuf	D	Cinq cents
X	Dix	DC	Six cents
XX	Vingt	DCC	Sept cents
XXX	Trente	DCCC	Huit cents
XL	Quarante	CM	Neuf cents
L	Cinquante	M	Mille

III	IV	VI	IX	XI	XL	LX	XC	CX	CD	DC
3	4	6	9	11	40	6o	90	110	400	6oo

CM	MC
900	1100

LECTURE DU LATIN.

Dans la lecture du latin, toutes les lettres se prononcent, soit au milieu, soit à la fin des mots ; il n'y a point de syllabes muettes, et les consonnes finales se prononcent comme si elles étaient suivies de l'e muet français, que l'on fait peu sentir.

Ortho-graphe	Pronon-cez	MOTS LATINS.	PRONONCIATION FRANÇAISE.
e	é	Deo, habeo, ea, secula, Deus.	Déo, habéo, éa, sécula, Déus.
e	è	Lumen, decies, decem, habet.	Lumène, déciesse, décème, habète.
um	ome	Deum, optimum, ma-num.	Déome, optimome, ma-nome.
un	on	Abundantia, voluntas, oriuntur.	Abondancia, volontas-se, oriontur.
æ	é	Lætitia, quærens, bea-tæ.	Léticia, kuérinse, béa-té.
œ	é	Cœli, cœnosus, pœnæ.	Céli, cénozusse, péné.
ch	k	Brachium, chirogra-phum.	Brakiome, kirografo-me.
em en	ein	Diligens, viventi, men-dax, templi.	Diliginse, vivinti, min-dax, templi.
im	ime	Imminens, immunitas, olim.	Im-mininsse, nitasse , olime.
in	ine	Innatus, innocens,	In-natusse, in-nocinse,

Ortho-graphe	Pronon-cez	MOTS LATINS	PRONONCIATION FRANÇAISE.
gn	g-n	Agnus, dignus, magnum, igne.	Ag-nusse, dig-nusse, magnome, ig-né.
il	il-l	Pupillus, pusilli, villæ, mille.	Pu-pil-lusse, puzilli, villé, mil-lé.
qua	koua	Aqua, qualitas, quando, quam.	Akou-a, kou-a-litasse, kouando, kou-ame.
gua	gou-a	Lingua, linguam, impingua.	Leingoua, leingou-a-me, impeingou-a.
qui quæ	kui kué	Quis, quæ, aquæ, loqui, quem.	Ku-isse, ku-é, aku-é, loku-i, ku-ème.
gui guæ	gu-i gu-é	Exiguis, contiguæ, ambiguo, arguam.	Exi-gu-isse, contigu-é, ambi-gu-o, argu-a-me.
au	o	Laus, laudare, audio, causa.	Losse, lodaré, odio, coza.
um	on	Umbra, umbella, triumphi.	On-bra, on-bella, tri-onfi.
un	on	Excepté : Nunc, tunc, hunc, cuncti.	Ces mots se prononcent comme en français.
im in	eim ein	Impius, infans, imperator, inter.	Prononcez comme en français.

EXCEPTIONS.	PRONONCEZ.
Circumago	Cir-come-ago
Propterea	Prop-tè-réa
Quemadmodum	Quem-ad-mo-dum
Sese	Sécé

APPLICATION

Lege, amare, frater, lumen, summum, et, ejus, lumborum, pulcherrima, tempus, illi, quamvis, videbunt, cunctorum, quærens.

L'oraison Dominicale.

Pater noster, qui es in cœlis, sanctificetur nomen tuum ; adveniat regnum tuum, fiat voluntas tua, sicut in cœlo et in terra ; panem nostrum quotidianum da nobis hodiè, et dimitte nobis debita nostra, sicut et nos dimittimus debitoribus nostris, et ne nos inducas in tentationem ; sed libera nos à malo. Amen.

La Salutation Angélique.

Ave, Maria, gratiâ plena, Dominus tecum, benedicta tu in mulieribus, et benedictus fructus ventris tui, Jesus.

Sancta Maria, Mater Dei, ora pro nobis peccatoribus, nunc et in horâ mortis nostræ. Amen.

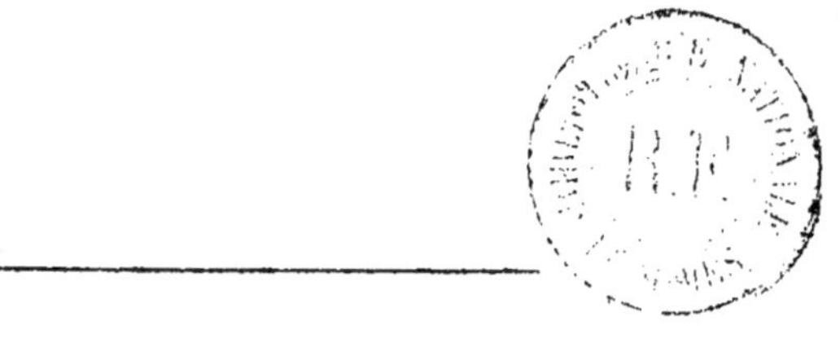

Abbeville-Montreuil. — Imprimerie A. Retaux.

MÉTHODE D'ARTICULATION

DIVISION DE L'OUVRAGE

PARTIE DU MAITRE :

Physiologie de la parole.

PARTIE DE L'ÉLÈVE :

I. Démutisation.

II. Clé de la Lecture.

La Démutisation est tirée en format in-12, en grands Tableaux isolés et en Livre-Tableau.

Abbeville-Montreuil. — Imprimerie A. Retaux.

www.ingramcontent.com/pod-product-compliance
Lightning Source LLC
LaVergne TN
LVHW010944210726
843510LV00013B/136